AF339391

LETTRE

De la Paroisse d'Ouanaminthe (dependante de la Province du Nord) à l'Assemblée du Cap (se disant l'Assemblée Provinciale du Nord), en date du 27 Août 1790.

MESSIEURS ET CHERS COMPATRIOTES,

Nous n'avons pu répondre aussi promptement que nous l'aurions voulu à la lettre que vous nous avez fait l'honneur de nous écrire le 8 de ce mois; mais aujourd'hui que la Commune est assemblée nous remplissons ce devoir.

Il s'en faut beaucoup, Messieurs, que nous ayons applaudi aux moyens que vous avez employé, *au nom de la Province du Nord*, pour anéantir les pouvoirs qu'elle a librement donné & conservé à l'Assemblée générale, & pour dissoudre cette même Assemblée.

L'effusion du sang de nos freres, que vous prétendez dans l'erreur, mais que vous n'avez pas convaincu; de ces freres qui ont tout abandonné, fortune, femmes, enfans, pour se livrer au travail qui devoit faire le bonheur de la Colonie, & que *vous avez gratuitement calomniés*, ne devoit pas être la récompense d'un dévouement aussi complet à leur patrie..... S'ils ne sont pas devenus les martyrs de leur patriotisme, s'ils n'ont pas été traités comme des *aventuriers* (épithete dont vous les avez gratifié), si le sang d'une multitude de leurs freres réunis pour leur défense,

A

si celui de votre armée, confondu avec le leur, n'a pas coulé à grands flots à Saint Marc, nous le devons à une résolution aussi généreuse de leur part que la vôtre étoit barbare, ils vont déférer au Tribunal suprême de la Nation leur conduite & la vôtre, lui soumettre leurs travaux, & lui prouver qu'ils n'ont jamais *cessé ni voulu cesser d'être François, soumis à la Nation, à la Loi & au Roi.*

La *majeure* partie des Paroisses de la Province du Nord ayant *retiré ses Députés de votre Assemblée,* vous n'avez pu associer à votre gloire ou à la honte d'un armement de freres contre d'autres freres ceux qui n'y ont eu aucune part ni de fait ni d'intention.

D'après cela, Messieurs, nous désavouons aux yeux de la Nation l'expédition que vous avez faite contre l'Assemblée générale, nous vous rendons responsables envers elle, la Loi & le Roi, envers la Colonie & la nature entiere, des maux qui en sont résultés & de ceux qui peuvent s'ensuivre, & nous déclarons l'Assemblée Paroissiale ou la seule Commune du Cap seule tenue des frais que cette expédition a occasionné.

Signé, &c. &c. &c VAUSANGE, Président, & NOYAN DE PUGEAU, Secrétaire, conforme à l'original, déposé en nos archives, à Ouanaminte, le 30 Août 1790. *Signé* FONDEVIOLES, Commissaire Rapporteur par absence.

EXTRAIT des minutes de la Commune ou Assemblée Paroissiale d'Ouanaminthe.

L'an mil sept cent quatre-vingt-dix, le huit Août avant midi, les Citoyens & Habitans du Bourg & Paroisse Notre-Dame de l'Assomption d'Ouanaminthe, soussignés, nous étant réunis à l'Eglise Paroissiale, à l'issue de la Messe qui vient d'y être célébrée, à l'effet d'y délibérer sur les différentes dépêches, adressées au Comité de cette Paroisse, relatives aux circonstances critiques dont la Colonie se trouve accablée, avons nommé pour Préfident à ladite Affemblée M. de Layre, & pour Secrétaire M. de Pugeau, lecture prife de la proclamation de M. le Général de la Colonie, en date du 31 du mois dernier, de fa proclamation, en date du même jour, & enfin de différentes lettres miffives à l'appui de ces différentes pieces, le tout mûrement difcuté & débattu, nous voyons clairement que l'atteinte portée à la liberté des Citoyens par la diffolution du Comité du Port-au-Prince, eft un coup prémédité par les ennemis du bien public, qu'il eft impérieufement néceffaire que les vrais & bons patriotes fe réuniffent pour s'oppofer à la coalition tramée contre notre fûreté, entre l'Affemblée du Cap & les Agens du Gouvernement, qui cherchent aujourd'hui de concert à diffiper l'Affemblée générale de Saint Marc, le feul rempart que nous ayons à oppofer aux vexations miniftérielles & à une contre-révolution.

En conféquence, & confidérant que *l'Affemblée du Cap n'eft point celle de la Province du Nord*, puifqu'elle n'eft compofée que des Diftricts de cette Ville, que c'eft donc à tort & fans y être autorifée par les autres Paroiffes, *qui en ont retiré leurs Députés qu'elle agit au nom de la Province.*

Confidérant qu'au mépris des liens qui doivent nous réunir contre les ennemis de la Colonie, cette Affemblée foutenue de la force exécutive a mis les armes à la main des Citoyens contre leurs freres ou leurs amis, ce qui eft le fignal de la guere civile.

Confidérant qu'elle a même pouffé la cruauté jufqu'à armer les gens de couleur contre leurs peres & leurs bienfaiteurs.

Confidérant que les motifs de la prife d'armes du Cap ne pouvoient avoir été fufcités que par efprit de vengeance & d'injuftice.

Confidérant que l'Affemblée coloniale ayant été d'abord conftituée, & d'abondance maintenue par la pluralité des Paroiffes & confirmée par M. le Général lui-même, l'Affemblée du Cap n'a eu aucun pouvoir pour la diffoudre.

Confidérant que la diffolution du Comité du Port-au-Prince

est un attentat contre le droit si précieux, qu'ont les Paroisses, de délibérer sur leurs intérêts.

Considérant enfin, que les troubles qui agitent la Colonie nuisent au commerce & aux travaux des campagnes, par les inquiétudes dont les Cultivateurs & Commerçans sont continuellement affectés.

Nous dits Citoyens d'Ouanaminthe, après avoir renouvellé notre serment d'être fidelles à la Nation, à la Loi & au Roi, déclarons unanimement, ne reconnoître que l'Assemblée Générale de la partie Française de Saint-Domingue, à l'exclusion de toute autre.

Nous nous promettons à un chacun de nous tous, de nous tenir en garde contre les séductions que les ennemis de la régénération & de la paix publiques, ne cessent d'employer pour nous désunir.

Déclarons regarder comme coupables, les auteurs de la prise d'armes & expédition des troupes stipendiées, & autres du Cap ou de ses environs, contre l'Assemblée de Saint-Marc, & les rendre responsables de tous les malheurs & événemens qui en résulteront.

Arrêtons qu'il sera écrit incessamment par notre Comité, à celui du Fort Dauphin, pour l'inviter à recevoir deux députés de notre paroisse, aux fins de se concerter sur les moyens de défenses à opposer aux ennemis de la paix & de la tranquilité publiques.

Le présent Procès-verbal demeurera déposé aux archives du Comité de cette Paroisse, duquel on enverra expédition en forme à l'Assemblée Générale de la partie Française de Saint-Domingue, aux différentes Paroisses de cette dépendance & à l'Assemblée du Cap, pour qu'elle n'en ignore, &c. &c. &.

Ce 30 Août mille sept cent quatre-vingt-dix.

Signé, DE FONDEVIOLES & DE LAYRE (1), Président.

----

(1) Ce Président est Chef d'une excellente Maison de Commerce du Cap.

EXTRAIT des Regiſtres des Délibérations de la Paroiſſe Saint-Martin du Dondon (Paroiſſe dépendante du Nord.)

L'AN mil ſept cent quatre-ving-dix & le Dimanche 15 du mois d'Août, les Citoyens de la Paroiſſe de Saint-Martin du Dondon, ſe ſont réunis en aſſemblée, après avoir été convoqués par des lettres circulaires envoyées par la Municipalité du quartier, dans tous les cantons de la Paroiſſe, & ladite Aſſemblée annoncée au Prône le Dimanche 8 du courant.

M. le Maire a annoncé à tous Meſſieurs les Citoyens, que l'objet de cette convocation étoit de faire connoître les pièces qui avoient donné lieu à la poſition critique dans laquelle ſe trouve maintenant cette Colonie, & à faire de ſuite remettre ſur la table des Délibérations, les différens décrets de l'Aſſemblée Générale de la partie Françaiſe de Saint-Domingue, & des écrits tant de la ſoi - diſant Aſſemblée Provinciale du Nord, que de ceux du Gouverneur-Général & de M. de Vincent, & a invité l'Aſſemblée, pour procéder légalement à la Délibération, de nommer un Préſident & un Secrétaire ; à quoi on a procédé de ſuite, & MM. *Couſſac* & *Dumoulin* ont été nommés par acclamation ; le premier à la place de Préſident, & le ſecond à celle de Secrétaire.

La ſéance a commencé par la lecture : 1°. de l'arrêté du 30 Juillet dernier, de l'aſſemblée ſoi-diſant Provinciale du Nord de Saint-Domingue. 2°. De la lettre de cette même Aſſemblée datée du premier du courant. 3°. De la proclamation du Gouverneur-Général. 4°. De toute la correſpondance d'entre M. de Vincent, lors de ſon expédition contre *l'Aſſemblée-Générale* & la Commune de Saint-Marc. 5°. De tous les Décrets de l'Aſſemblée-Générale, qui paroiſſent avoir ſervi de prétexte à la ſuſdite Aſſemblée du Nord & aux agens du pouvoir exécutif. 6°. Enfin, de la proteſtation faite par le Corps Municipal de cette Paroiſſe, contre l'arrêté du 30 Juillet dernier, de l'Assemblée foi-disant Provinciale du Nord.

Messieurs les Citoyens réunis, après l'examen le plus scrupuleux de toutes les pièces sus-mentionnées & la plus mure Délibération.

Considérant que depuis le 23 Mai dernier, ils ne reconnoissent plus d'Assemblée Provinciale du Nord, & que depuis long tems l'Assemblée, qui en prend le titre, ne doit être regardée que comme le Comité de la ville du Cap, puisqu'il est vrai que la plupart des paroisses de cette dépendance n'y sont plus représentées,

Considérant que malgré cela elle a osé prendre, *au nom de toute la Province & sans l'avoir consultée*, un arrêté dont les dispositions & les principes font horreur & caractérisent le despotisme le plus tyrannique & le plus révoltant. Un arrêté qui, malgré le voile sacré du Patriotisme, dont envain elle a cherché à se couvrir, ne laisse appercevoir que les intentions les plus perfides, les plus désastreuses & les plus faites pour replonger les malheureux Citoyens dans les fers de leurs tyrans.

Considérant qu'en aucune manière elle n'a pu s'arroger le droit de dissoudre une Assemblée réunissant en sa faveur, le vœu authentique de la majorité de cette Colonie, qu'elle a sans doute oublié l'avoir reconnue elle-même lorsqu'elle y a eu recours pour la *confirmation du rappel du Conseil Supérieur du Cap.*

Considérant que les attentats horribles qui viennent d'être commis envers les Citoyens du Port-au-Prince, n'auroient peut-être jamais eu lieu si les scélérats qui en sont les auteurs, n'eussent eu un appui dans les principes & dans la conduite de l'Assemblée soi disant Provinciale du Nord.

Considérant les maux auxquels ils feroient exposés eux-mêmes, d'après l'abus inoui que cette même Assemblée vient de faire de la force publique, dont l'unique destination doit être de veiller à la tranquillité & à la sûreté générales.

Confidérant d'un autre côté que tous les décrets de l'Affemblée Générale, fus mentionnés, ne peuvent avoir été qu'un prétexte faux & fpécieux pour les ennemis du bien public, que ces mêmes décrets font fuffifamment motivés pour prouver évidemment qu'ils ont été diétés par la fageffe, la juftice & le patriotifme le plus pur, que d'ailleurs ils ont été *neceffités par les circonftances les plus urgentes* pour le bien général ; que l'un d'eux, concernant l'introduétion des farines dans nos Ports, a été provoqué par les inftances réitérées, & fans doute perfides, de M. de Peynier lui-même, notamment par fa lettre dn 6 Juin dernier, à l'Affemblée Générale, dans laquelle il annonçoit que la plupart des quartiers de cette Colonie *étoient à la veille de manquer de farines, qu'ayant en outre des avis du Continent qui lui faifoient craindre qn'il n'en vint que très peu, il fe porteroit avec empreffemement à accueillir tous les moyens qui pourroient favorifer l'introduétion de ce commeftible dans la Colonie.*

Confidérant donc que tous ces Décrets ne peuvent être regardés que comme la réclamation la plus jufte & la plus légitime des droits du Citoyen, trop long-tems oubliés, & que les Agens du Pouvoir exécutif & leus vils inftrumens affeétent encore de méconnoître, au rifque de tout faerifier à leurs intérêts perfonnels & à leur ambition.

Confidérant enfin combien il eft urgent que tous les bons Citoyens fe réuniffent & employent tous leurs efforts pour faire avorter la Confpiration manifeftée de ceux qui paroiffent avoir juré la perte entière de cette Colonie, & que ce feroit s'avouer leurs complices que de garder plus long-tems un coupable filence.

D'après toutes ces confidérations, l'Affemblée a déclaré d'une voix unanime qu'elle perfifte de plus fort dans fes délibérations des 23 Mai & 20 Juin dernier.

Qu'elle regarde l'Arrêté du 30 Juillet, de l'Affemblée, foidifante Provinciale du nord, comme l'aéte du defpotifme le plus défaftreux & le plus révoltant ; *qu'il eft faux que les Parrroiffes du Nord y aient donné leur adhéfion puifqu'elles n'ont point été consultées*, que cet écrit à été la torche avec laquelle les en-nemis du bien public ont eu le dessein d'allumer une guerre civile pour, au mépris des Décrets Nationaux des 8 & 28 Mars dernier, sanctionnés par le Roi, parvenir à dissoudre l'Assem-blée Générale de la partie Françoise de Saint-Domingue dont la continuation avoit été prononcée par le vœu de la majorité des Paroisses de la Colonie, majorité avouée & proclamée par le Gouverneur Général lui-même.

Qu'en conséquence elle rend responsable, en ce qui la con-cerne, non-seulement l'Assemblée soi-disant Provinciale du Nord, mais encore le Gouverneur Général, ses Agens subalternes & tous autres qui ont concouru à cette entreprise, des meurtres commis envers nos infortunés Frères du Port-au-Prince, dans la nuit du 29 au 30 du mois dernier, & de toutes les suites fâcheuses qui pourroient résulter de leur coalition criminelle.

Arrête encore l'Assemblée qu'elle approuve de nouveau tous les Décrets de l'Assemblée Générale qui lui ont paru dictés pour le bonheur de cette Colonie & nécessités par l'urgence des cir-constances, qu'elle ratifie, autant qu'il est en elle, les pouvoirs donnés aux Députés qu'elle a dans son sein, & qu'elle atten-dra dans un silence respectueux, que la Nation dont nous avons le bonheur & nous glorifions de faire partie, ait prononcé sur le sort de cette malheureuse contrée, que des gens intéressés à perpétuer les abus, cherchent à tenir courbés sous le joug du Pouvoir arbitraire pour mieux assouvir & leur ambition désor-donnée & leur intérêt particulier.

Arrête en outre l'Assemblée qu'elle vote des remercîmens à MM. de la Municipalité de cette Paroisse qui ont protesté en son nom contre l'Arrêté du 30 Juillet, & autres écrits de l'As-semblée soi-disant Provinciale du Nord, regardant cette pro-testation comme l'expression des vrais sentimens qui doivent animer les bons Citoyens, qu'elle les invite à faire passer à toutes les Paroisses de la Colonie copie collationnée de la pré-sente délibération, avec prière de lui faire part de leur déter-
mination

mination fur les circonftances critiques où fe trouvent actuellement cette partie précieufe de l'Empire François, en obfervant qu'il eft urgent que tous les bons Citoyens fe réuniffent & s'accordent pour fauver cet infortuné pays du péril évident dont il eft menacé.

Arrête de plus, que copie collationnée de la préfente fera envoyée à l'Affemblée foi-difant Provinciale du Nord & au Gouverneur Général.

Enfin que l'Affemblée recevra avec reconnoiffance l'adhéfion des bons Citoyens que des circonftances impérieufes ont empêché de fe rendre à la préfente Délibération.

Lecture faite de deux Lettres de M. le Grand, Député de la Paroiffe à l'Affemblée Générale de la partie Françoife de St-Domingue, toutes les deux écrites du Vaiffeau le Léopard, ainfi figné, de l'adreffe de l'Affemblée Générale à tous les Citoyens de la Colonie, à bord du Vaiffeau le Léopard, fauveur des François, du 8 Août 1790.

L'Affemblée confidèrant que ce généreux Citoyen ayant abandonné femme, enfans & fes intérêts les plus chèrs; que les facrifices font d'autant plus grands, qu'il exerçoit deux charges publiques pour fubvenir aux befoins de fa famille & aux fiens.

Arrête l'Affemblée qu'il fera compté à Madame le Grand, par quartier, la fomme de 3000 livres, argent de cette Colonie, laquelle fomme fera prife fur les fonds de la Paroiffe & fur le vifa de la Municipalité fera paffé en bonne dépenfe à M. le Marguillier.

Lecture faite d'un imprimé, ayant pour titre : *Extrait des Regiftres des délibérations de la Paroiffe de la Croix des Bouquets ;* il a été unanimement arrêté que pour toute réponfe ledit imprimé feroit envoyé au lieu d'où il fort, pour démontrer aux Citoyens de cet endroit la générofité des Patriotes de cette Paroiffe, qui, bien loin d'ufer des moyens infâmes dont fe font fervi les délibérans de la Croix des Bouquets, fe bornent à cet acte de mépris.

B

Fait & clos à l'Eglife à une heure après midi, après lecture faite du préfent ; & ont les Citoyens figné, après avoir arrêté de plus qu'il feroit compté des fonds de la Paroiffe, & de la même maniere qu'il a été arrêté pour M. le Grand une fomme de 3,300 liv., pour fubvenir aux dépenfes qu'il fera obligé de faire en France, en défendant les intérêts de cette Colonie ; & que quant à l'adreffe des Membres de l'Affemblée générale faite à bord du Vaiffeau le Léopard, il a été arrêté qu'à la diligence de la Municipalité, la Paroiffe rempliroit fes intentions. Et ont, MM. les Citoyens, figné.

(Suivant les fignatures des Habitans) figné Coussac, *Préfident*, & Dumoulin, *Secrétaire*.

Lettre de la Paroiffe du Fort-Dauphin (dépendante de la Province du Nord . à l'Affemblée du Cap, (foi - difant l'Affemblée Provinciale du Nord) en date du 8 Août 1790.

S'il en a beaucoup coûté à vos cœurs pour vous déterminer au parti extrême que vous avez pris, ainfi que vous le dites par votre lettre du 8 de ce mois : ce parti a plongé les nôtres dans la douleur la plus profonde. Eft-il poffible, Meffieurs, que vous ayez pu vous réfoudre à armer Citoyens contre Citoyens, à armer des Gens de couleur contre des Blancs? Eft-il poffible que des opinions diverfes aient été à vos yeux des raifons affez légitimes pour que le fer pût être plongé dans le fein de vos freres, & des nôtres? Nous fommes auffi bien que vous rangés fous l'étendart du Décret du 8 Mars ; nous l'avons reçu avec joie & reconnoiffance ; fon application, fon explication paroiffent avoir formé le fchifme. . . . . Qui vous affure que la Nation, à qui nous le devons, ne le trouvera pas fufceptible de modification fur des remarques juftes que nos Repréfentans, vous & nous, avons le droit d'y faire?

Si vous nous euffiez confulté avant que de courir le rifque

d'allumer le feu d'une guerre inteſtine , nous vous aurions dit :
» Nous ſommes tous François, nous tenons tous à la France
» par des liens plus puiſſans encore que nos ſermens , nos
» Freres de Saint-Marc ſont dans les mêmes ſentimens. Ceux
» qui courent aux armes les premiers rompent ces nœuds
» ſacrés. . . . . . . Si l'Aſſemblée générale & ceux qui ſont de
» leur avis, ſe trompent dans leurs opinions, qu'ils ſoient
» éclairés par la force de la raiſon , & non par celle des
» armes. . . . . . . Vous ne pouvez les convaincre ; attendez de
» la Mere Patrie ſa déciſion, & n'allez pas haſarder par une
» démarche auſſi extrême , d'enſevelir la Colonie ſous ſes
» ruines ».

Sa perte étoit infaillible dans cette circonſtance malheureuſe ,
ſi tous ſe fuſſent livrés aux impreſſions premieres , alors nous
auriez-vous perſuadés *que nous touchons à des momens for-*
tunés? Pouvoient-ils jamais l'être , ceux où le ſang de vos
freres ſe ſeroit élevé contre les moteurs de leur deſtruction juſ-
qu'aux âges les plus reculés ?

Vous avez crú, Meſſieurs, *ajoutez-vous, devoir en impoſer*
par un appareil de force pour opérer la diſſolution ſpontanée
de cette Aſſemblée dangereuſe. . . . . . . N'étoit-ce pas faire vio-
lence, & à elle & à tous ceux qui ont manifeſté de bonne
foi, leur avis pour ſon maintien ? Où ſera donc par cette
voie la liberté des ſuffrages que la pluralité fixe ? Hélas !
Meſſieurs, il eſt des moyens plus légitimes & plus humains
que ceux-là, bien propres à étonner *tout l'Empire François* ;
des hommes ſont faillibles, les erreurs peuvent être le par-
tage d'une Aſſemblée, comme d'une autre. L'Aſſemblée générale s'eſt-elle trompée ? alors la France ſeule avoit le droit
& le pouvoir de rectifier ſes égaremens & ſes torts, de les débattre
ſans animoſité.

Puiſque, Meſſieurs, l'Aſſemblée a été la réunion de toute
la partie françoiſe de Saint-Domingue, l'Aſſemblée Générale

enfin, elle , reconnue par le Gouvernement lui-même , pour laquelle il paroiſſoit ſous tous les rapports dans l'ordre de ſe décider, n'eſt plus à votre avis qu'une *Aſſemblée Inconſtitutionelle* , quoiqu'ayant encore le majorité des voix. L'Aſſemblée du Cap peut-elle ſe regarder comme plus légale pour toute l'Iſle ; tandis que dépourvue de Députés de diverſes Paroiſſes, elle n'eſt point en droit de ſe dire compoſée *de toute la partie du Nord?*

Vous nous invités à envoyer nos Députés & cela *pour vous entourer*, dites vous, *dans l'état critique des* choſes du plus grand nombre de foyers de lumieres, afin qu'il en réſulte plus de clarté. ... non, Meſſieurs, nous n'y enverrons pas nos Députés pour ſoutenir les démarches faites, nous ne nous joindrons qu'à une Aſſemblée adminiſtrative également conſtituée & dont les Provinces fourniront des Députés conformement aux inſtruƈions & Décrets de la Nation, & nous-proteſtons contre tout ce qui à été fait ſans notre participation, notamment contre les frais de l'armement.

Si le ſilence que nous avons gardé vous à paru une indéciſion, vous vous êtes trompés, nous n'avons point abandonné nos frères de Saint-Marc, ni de cœur, ni d'affeƈion, ni de ſecours pacifiques, nous nous ſommes liés par ces mêmes ſentimens ; mais ces premiers étoient attaqués ſans que nous les euſſions vus criminels. Le parti qu'ils ont pris juſtifie leurs vûes, leurs démarches, leurs opérations aux yeux de l'Univers, ſur-tout s'ils ſont allés en France afin de ſe jetter dans ſon ſein, où nous nous réfugions tous. Si c'eſt être criminel que de voir différemment que vous, en matiere d'opinion, nous le ſommes donc auſſi, quoiqu'inviolablement attachés à la France par notre amour, par notre fidélité. Si nous méritons d'être punis par les armes, nous ouvrons nos bras d'avance à quiconque voudra frapper ; car nous nous appuyons ſur les loix d'humanité, ſur les droits qni appartiennent à tous, droits que la France a fait revivre ſi authentiquement, qui ſont aux plus foibles comme aux plus forts, aux Commerçans comme aux Agriculteurs, ainſi qu'à tous ; ceux dont la réunion conftitue la même famille auxquels on ne peut attenter fans fe rendre coupable. Nous invoquons l'Affemblée Nationale , fur la pureté de nos fentimens & de nos principes , fur la validité de l'Affemblée pour laquelle nous avons voté, de même que fur les motifs qui ont pu vous décider. Son jugement fait déjà notre loi, notre foumiffion entiere à fes Décrets, notre fidélité inviolable à la Nation, à la Loi & au Roi, & nous jurons de n'avoir d'autre volonté, en attendant fa décifion, que ce que la majorité aura ftatué.

Voilà les vrais fentimens patriotiques & fraternels avec lefquels nous avons l'honneur d'être, &c. (fuivent les fignatures des Habitans.

Copie de la lettre du Comité du Trou (Paroiffe dependante de la Province du Nord), à une lettre de l'Affemblée du Cap.

Messieurs ,

Voici notre réponfe à votre lettre du premier courant, *figné* la Hugue & le Bonhomme.

Les Citoyens de notre Paroiffe ,. par une délibération qu'ils ont prife le 24 du mois dernier , ont rappellé leurs Députés de votre Affemblée & ont annullé leurs pouvoirs qui leur avoient été délégués pour les y repréfenter. Vous n'avez pas du attendre notre refolution fur vos opérations, Meffieurs, elle nous font devenues abfolument étrangeres du moment que nous avons prononcé fur le fort de nos ci-devant Députés à votre Affemblée.

Notre vœu relativement à l'Affemblée Générale eft invariable comme le fentiment qui l'a dicté, & nous nous fommes conformés à la loi en le tranfmettant à M. de Péynier qui l'a fait inferrer dans le tableau qu'il a rendu public.

Mais Meffieurs, fi vous nous euffiés confulté comme François, comme Citoyens, vous n'auriez pu, fans commettre la

plus criante injuftice, vous flatter que nous vous euffions con-
feillé l'expédition fanguinaire que vous avez ordonné ; nous
la défavouons hautement, nous la déteftons, nous l'avons en
une telle horreur qu'elle nous glace d'effroi & nous nous félici-
tons de plus en plus de n'y avoir coopéré en rien.

Nous Frémiffons. Meffieurs, & tout notre fang fe glace quand
nous fongeons que nos freres, nos parens, nos amis périffent
peut-être en ce moment victimes de leur courage & de leur
patriotifme.

Ah ! Meffieurs, comment ce fatal arrêt à-t-il pu partir de
votre bouche, comment vos mains ne fe font-elles pas deffé-
chées en le fignant, & de quel droit l'avez vous fait ?

Nous ne vous parlerons point de la violation facrilege du
droit des gens, de l'abnégation de tous pactes & traités, du mépris
infultant que vous affichés en cette occafion pour la majorité des
Paroiffes qui ont voté la continuation de l'Affemblée Générale,
nous efpérons qu'elles vont toutes fe reunir pour demander juftice à la Nation & au Roi.

Nous avons l'honneur d'être, *fignés* les Habitans du Trou,
(fuivent les fignatures des Habitans), le premier Août 1790.

EXTRAIT d'une lettre adreffée à M. de la Chevalerie, de
Limonade le 22 Août 1790.

Monfieur, j'ai reçu fous le pli de M.... votre procuration.
L'*Affemblée Paroiffiale du Cap* en a pris lecture avant moi.
Votre cocher Léandre, vos chevaux ayant été reconnus à la
riviere falée, quoique porteur d'un bon billet, ce Nègre a eu
les pouces bien ficelés & traduit par-devant l'honorable Affemblée. Lecture faite du paquet, elle a cru de fa fageffe de me le
renvoyer & de remettre le Nègre en liberté.

Le 7 Août, à une heure & demie, *forte brife*, le feu a pris
à l'angle Nordeft au vent de la pièce palmifte, elle a été incen-
diée en moins d'une demi-heure, la brife étoit fi violente qu'il

a été impoſſible de couper le feu (1). Je n'ai pu découvrir par quelle fatalité nous avions éprouvé cet événement ; je penſe, comme beaucoup de perſonnes, que le feu y a été mis. Le point où il a pris, l'heure, la forte briſe, tout concourt à de fortes préſomptions. Quant à votre attelier, il eſt incapable de pareille infâmie, il vous aime trop, & paroît m'être attaché.

Nous avons eu de vos voiſins les ſecours les plus généreux ; c'eſt à tord qu'on les a calomniés, en diſant qu'on nous avoit abandonnés à nous-mêmes dans cet événement, & je leur dois la juſtice d'aſſurer qu'il eſt impoſſible de faire plus qu'ils n'ont fait.

M. de Château-Briant (2), quoi qu'à deux lieues de nous, nous a offert des ſecours ; le 11 du même mois, il a éprouvé le même accident.

Je reçois à l'inſtant un Décret d'ajournement perſonnel pour vous, qui, par votre abſence, ſe convertit en Décret de priſe de corps ; il eſt relatif à la priſe d'armes du Régiment du Cap (3). Vous voilà, Monſieur, près de l'Aſſemblée Nationale, n'anéantira-t-elle pas les ennemis du bien public ? &c. &c. &c. Certifié conforme à l'original, ce 6 Novembre 1790.

Signé, BACON DE LA CHEVALERIE.

---

(1) C'eſt une perte d'environ 40 à 45 mille livres.

(2) Habitant propriétaire, Aide-de Camp & ami de M. de la Chevalerie.

(3) Cett priſe d'armes a eu lieu la nuit du 16 au 17 Décembre 1789, M. de la Chevalerie, alors, Préſident de l'Aſſemblée Provinciale du Nord.

De l'Imprimerie de QUILLAU, rue du Fouare, N° 3.

www.ingramcontent.com/pod-product-compliance
Lightning Source LLC
LaVergne TN
LVHW050355030726
842520LV00005B/2107